**DIE ZEIT** Klassik-Edition

>> Musik ist uns in die Wiege gelegt, der Säugling schreit, kräht und lallt, von dort bis zum Singen ist es nur noch ein Schritt. Im Gegensatz zu den übrigen Künsten kann man sich Musik ohne Vorkenntnisse aneignen. <<

YEHUDI MENUHIN

# DIE ZEIT Klassik-Edition
## 20 große Interpreten in 20 Bänden

Mit dem Besten aus der ZEIT,
u.a. mit Beiträgen von
Wolfram Goertz und Reiner Luyken

Band 1
Yehudi Menuhin

Zeitverlag Gerd Bucerius GmbH & Co. KG

Impressum:

**Herausgeber**
Zeitverlag Gerd Bucerius GmbH & Co. KG
Pressehaus
Speersort 1
20095 Hamburg

Die ZEIT Klassik-Edition erscheint im Zeitverlag Gerd Bucerius GmbH & Co. KG.

**Musikaufnahmen** EMI Music Germany GmbH & Co. KG
Das Copyright für die ZEIT Klassik-Edition liegt beim Zeitverlag.

**Redaktionsleitung** Volker Hagedorn
**Redaktion** Maren Soehring
**Bildredaktion** Andy Heller
**Grafische Konzeption und Einbandgestaltung** Ingrid Nündel
**Satz und Repro** Zeitverlag Gerd Bucerius GmbH & Co. KG
**Druck und Bindung** GGP Media GmbH, Karl-Marx-Str. 24, 07381 Pößneck
Printed in Germany
**Bildnachweis Einband, Umschlag und CD** Reinke/ullstein, Redferns/Fotex,
Reg Wilson/EMI Classics

ISBN Gesamtreihe: 3-476-02200-5
ISBN Band 1: 3-476-02201-3

# Liebe Leser und Hörer,

„Musik ist uns in die Wiege gelegt", sagt Yehudi Menuhin. Klänge erreichen jeden leicht. Weniger leicht ist es, sich im Universum der Musik zurechtzufinden. Was in Jahrhunderten komponiert wurde und bis heute gespielt, gesungen und aufgeführt wird, ist unendlich vielfältig. Die ZEIT Klassik-Edition ist ein Einstieg in diese Vielfalt, der bei den Musikern selbst beginnt. 20 berühmte Interpreten werden in 20 Bänden vorgestellt. Sie sind in herausragenden Aufnahmen mit Werken zu erleben, die zu den schönsten der klassischen Musik gehören – von den *Vier Jahreszeiten* bis zu Strawinskys *Le sacre du printemps*. Neben den akustischen werden journalistische Schätze gehoben: Das Beste, was *ZEIT*-Autoren in 60 Jahren geschrieben haben, ist hier nachzulesen – Reportagen und Porträts, Hymnen und Verrisse, Interviews und Essays. Zusätzlich bietet die ZEIT Klassik-Edition ausführliches Basiswissen: Experten schrieben exklusiv für diese Edition Biografien der Interpreten und Einführungen zu den gespielten Komponisten und ihren Werken.

So entsteht ein weites Panorama. Es umfasst mehrere Generationen vom Dirigenten Wilhelm Furtwängler bis zur Klarinettistin Sabine Meyer, vom Cellisten Pablo Casals bis zum Geiger Nigel Kennedy. Eines haben die 20 Interpreten und ihre künstlerischen Partner, die Pianisten und Orchester, gemeinsam: Sie zählen zu den Wichtigsten ihres Fachs. Das Repertoire reicht vom barocken Cellosolo über romantische Opernszenen bis zur Orchestermusik des 20. Jahrhunderts. Über 50 große Werke der Klassik sind auf den CDs mit mehr als 25 Stunden Spieldauer zu hören. Weltbekanntes ist von seiner spannendsten Seite zu erleben – dazu kommen zahlreiche Überraschungen. Aufnahmen mit Kultstatus sind dabei und Kostbarkeiten, die für diese Edition neu aufgelegt, neu kombiniert und neu digitalisiert wurden. Wie etwa das Programm des Geigers Yehudi Menuhin. Mit ihm, dem großen Musiker und Weltbürger, beginnt die ZEIT Klassik-Edition.

Wir wünschen Ihnen viel Spaß beim Lesen, Hören und Entdecken!

Ihre Redaktion
der ZEIT Klassik-Edition

# Inhalt

Die Aufnahmen, mit denen Yehudi Menuhin hier zu hören ist, entstanden in der frühen Zeit der Stereofonie, in den Jahren 1956 bis 1960. Das sind zugleich die Jahre nach der langen Selbstfindung des Geigers. Menuhin hatte als Wunderkind begonnen. Nach einer schweren Krise als 19-Jähriger im Jahr 1936 musste er sich die technischen und mentalen Grundlagen seiner Kunst mühsam neu erarbeiten. Bis heute hält sich bei vielen die Ansicht, er habe nie wieder zu großer Form gefunden. Das wird durch die hier kombinierten Einspielungen des mittleren Menuhin eindrucksvoll widerlegt. Bei Brahms, Beethoven und Bruch erlebt man einen Musiker größter Reife und Intensität, der den Werken auch spieltechnisch vollkommen gewachsen ist. Die Aufnahmen wurden für die vorliegende Edition vom historischen Bandmaterial neu digitalisiert.

# MENUHINS AUFNAHMEN – INHALT DER CD

**Johannes Brahms** (1833–1897)
**Konzert für Violine und Orchester D-Dur op. 77** (1879)

**1** Allegro non troppo* (22:49)
**2** Adagio (9:58)
**3** Allegro giocoso, ma non troppo vivace (8:23)
* Kadenz: Fritz Kreisler

**Ludwig van Beethoven** (1770–1827)
**Romanze Nr. 1 für Violine und Orchester G-Dur op. 40** (1802)

**4** Andante (7:13)

**Max Bruch** (1838–1920)
**Konzert für Violine und Orchester Nr. 1 g-Moll op. 26** (1868)

**5** Allegro moderato (8:27)
**6** Adagio (8:33)
**7** Allegro energico (7:01)

Yehudi Menuhin, Violine
Berliner Philharmoniker, Rudolf Kempe, 1957 (1–3);
Philharmonia Orchestra, John Pritchard, 1960 (4);
Philharmonia Orchestra, Walter Susskind, 1956 (5–7)

℗ 1958 (1–3), ℗ 1959 (5–7) & ℗ 1962 (4) EMI Records Ltd. · Stereo/ADD
Digital remastering ℗ 2006 by ⟋⟋RAILROAD TRACKS GMBH on behalf of
EMI Music Germany GmbH & Co. KG

# Yehudi Menuhin
# – eine Biografie

12. April 1929. Die Berliner Philharmonie ist ausverkauft. Bruno Walter dirigiert, doch der Star des Abends ist ein pausbäckiger Junge aus Kalifornien. Ein Zwölfjähriger in kurzen Hosen und weißem Hemd, mit einer Geige in der Hand. Auf dem Programm stehen die berühmten „drei großen B": eines der beiden Violinkonzerte von Bach, dazu die Violinkonzerte von Beethoven und Brahms. Der junge Virtuose setzt an – und verzaubert das verwöhnte Berliner Publikum schon nach den ersten Takten. Im letzten Drittel des Konzertes stehen die Zuhörer, mehr als zwölf Mal verbeugt sich der Geiger.

Der Physiker Albert Einstein stürmt aus der ersten Reihe direkt auf die Bühne und drängelt sich durch die Gratulanten. „Nun weiß ich, dass es einen Gott im Himmel gibt!", soll er dem Jungen zugerufen haben. Das Zitat geht um die Welt. Spätestens mit diesem Auftritt im Mekka der Klassikwelt wird Yehudi Menuhin zum geliebten Geigen-Wunderkind seiner Zeit.

Yehudi Menuhin wird am 22. April 1916 in New York geboren, in einem Backsteinbau in der Buchanan Street der Bronx. Seine jüdischen Eltern, der damals 23-jährige Moshe und dessen drei Jahre jüngere Frau Marutha, stammen aus Russland, er aus dem Ghetto Golem, sie aus der Nähe der Hafenstadt Jalta. Beide verbringen ihre Jugend in Palästina, kommen später unabhängig voneinander nach New York und heiraten dort. Zwei Menschen mit vielen Talenten, die sich auch durch Schwierigkeiten nicht aufhalten lassen. Den eigenwilligen Vornamen Yehudi – der Jude – hat Marutha Menuhin aus Protest gegen einen antijüdischen Kommentar ihres Vermieters gewählt. Ein selbstbewusstes Ausrufezeichen einer Frau mit hoch gesteckten Zielen. „Wenn ich einen Sohn bekomme, soll er Yehudi heißen. Mit diesem Namen soll er siegen oder untergehen", heißt es in der Familienchronik.

Ihrem Kind vermittelt Marutha Menuhin die Werte ihrer Jugend, das Idealbild eines tscherkessischen Kriegers: Ehrenhaftigkeit, Mut und Geschick, die Pflicht, mehr vom Leben zu verlangen als persönlichen Erfolg und Geltung – all das prägt sie ihm in den ersten Lebensjahren ein. Schon bald entdecken die Eltern seine außergewöhnliche Begabung. Inzwischen nach San Francisco gezogen, besucht das junge Paar sonntags klassische Konzerte. Den kleinen Yehudi nehmen sie in der Tragetasche mit. „Er hörte sich die Musik mit gebannter Aufmerksamkeit an", notiert der stolze Vater. Das gut gemeinte Geburtstagsgeschenk eines Familienfreundes, eine Spielzeuggeige, bringt den Vierjährigen dagegen zur Verzweiflung: „Sie singt nicht! Sie singt nicht!", ruft er zornig, nachdem er vergeblich versucht hat, dem Metallinstrument warme Klänge zu entlocken.

Mit fünf Jahren bekommt Menuhin ein echtes Instrument und den ersten Unterricht bei Sigmund Anker, einem österreichischen Geiger, der in San Francisco eine Violinschule betreibt. Zwei Jahre später nimmt ihn Louis Persinger, damals Konzertmeister des Sinfonieorchesters von San Francisco und das große Vorbild seiner Kinderzeit, als Schüler auf.

*Familienidylle für den Fotografen: Moshe und Marutha Menuhin mit den Kindern Yehudi, Yaltah und Hephzibah um 1923 in San Francisco*

Mutter Marutha entwirft für die ganze Familie – die Schwestern Hephzibah und Yaltah werden 1920 und 1921 geboren – einen strengen Tagesplan: Aufgestanden wird im Morgengrauen, am Vormittag übt Yehudi Geige, dann schickt Marutha die Kinder zum Spielen in den Park. Nach dem Mittagessen wird geschlafen, nachmittags folgen der Schulunterricht durch die Eltern, weitere Spielpausen und Übungseinheiten. Spätestens um sieben gehen die Kinder ins

Bett. Wenn das Wetter es erlaubt, übernachtet die Familie im Freien. Noch Jahrzehnte später behält der Interpret diesen Rhythmus bei, bleibt an freien Abenden kaum länger als bis neun Uhr auf. Der immergleiche Tagesablauf, die stets präsenten Eltern, die Musik – all das schweißt vor allem die beiden älteren Geschwister eng zusammen. In Hephzibah, einer begabten Pianistin, findet Yehudi Menuhin eine „siamesische Zwillingsseele". Sie wird seine bevorzugte Klavierpartnerin. Beide sind ab Mitte der dreißiger Jahre als Duo mit zahlreichen Schallplattenaufnahmen und in Konzerten erfolgreich.

Was aus pädagogischer Sicht zweifelhaft erscheinen mag, hat Yehudi Menuhin sein Leben lang als sehr glückliche Kindheit beschrieben. Auch die Eltern haben sich stets gegen den Vorwurf gewehrt, ihren hochbegabten Sohn zu früh auf die Bühnen der Welt genötigt zu haben. Zu außergewöhnlich war sein Talent, zu ernsthaft sein Ehrgeiz, zu anrührend sein Geigenspiel, als dass man ihm die frühe Karriere hätte verwehren können.

Denn an Selbstbewusstsein mangelt es dem jungen Künstler nicht. „Ich werde einmal der größte Geiger der Welt sein", sagt er in einem seiner ersten Interviews. Auch die Kritiker sind schon nach den frühen Kinderkonzerten überwältigt. „Seine Begabung wirkt fast unheimlich", schreibt der *San Francisco Chronicle* 1923. Jedes weitere Konzert, zunächst in San Francisco, später in den Musikzentren der USA, ist ein Erfolg. Seine natürliche Musikalität, seine erstaunliche

*1926 reist Menuhin auf dem Dampfer „De Grasse" zum*
*ersten Mal nach Europa. Dort trifft er seinen wichtigsten Lehrer:*
*den Rumänen George Enesco*

Reife überzeugen schon damals mehr als sein technisches Vermögen – so viel Lob steigt auch dem jungen Künstler zu Kopf: 1926 will sich der Zehnjährige an Beethovens berühmtes Violinkonzert wagen, soll aber auf Wunsch seines Lehrers Persinger vorher Mozarts *Konzert A-Dur* einstudieren. Doch bei der Vorbereitung schlampt der Virtuose, hastet durch die Partitur, verfehlt die Töne und wird von dem erbosten Pädagogen nach Hause entlassen. Dort schickt ihn die Mutter sofort aufs Zimmer, von Vater Moshe bekommt er die einzige Tracht Prügel seines Lebens: Der tscherkessische Krieger hat – aus kindlichem Ehrgeiz – das erste Mal im Leben versagt.

Diese Episode hinterlässt keine Spuren, schon am 25. November 1927 gibt Menuhin das begehrte Beethoven-Konzert unter dem deutschen Dirigenten Fritz Busch in der New Yorker Carnegie Hall – und begeistert auch die letzten Skeptiker. „Ich war mit der Überzeugung gekommen, dass ein Kind nicht besser Geige spielen könne als ein dressierter Seehund, und ich ging mit der Gewissheit weg, dass es so etwas wie einen großen Künstler gibt, der sehr früh beginnt", schreibt der gefürchtete Kritiker Olin Downes in der *New York Times*. Mit Hilfe der Sponsorengelder eines befreundeten jüdischen Geschäftsmanns reisen die Menuhins im Jahr zuvor auch erstmals nach Europa. Yehudi nimmt Unterricht bei dem rumänischen Komponisten, Geiger und Pianisten George Enesco. Mit seiner intuitiven und romantischen Art der Interpretation prägt dieser Menuhin für sein gesamtes musikalisches Leben. Später soll ihm der deutsche Komponist und Kammermusiker Adolf Busch zwei Sommer lang mit seiner „deutschen Schule" den Feinschliff verpassen. Die Menuhins leben monatelang nahe Paris und in der Schweiz, verbringen Tage und Wochen in Eisenbahnzügen und auf Ozeandampfern. Die Kinder sprechen bald fließend Französisch, Italienisch, Deutsch und Russisch.

Das Wunderkind beherrscht inzwischen fast alle großen Konzert- und Solowerke, Dirigenten und Orchester reißen sich um den jungen Künstler. Er wird zum Großverdiener und Alleinernährer

*Umstrittene Partnerschaft: Schon 1947 spielt Menuhin mit Wilhelm Furtwängler, der während der NS-Zeit in Deutschland geblieben ist*

der Familie. 1932 spielt er Edgar Elgars Violinkonzert ein, eines der anspruchsvollsten Stücke, die sich ein Geiger vornehmen kann. Der Komponist, 75 Jahre alt, steht selbst am Pult – die Aufnahme gehört heute noch zu den wichtigsten des 20. Jahrhunderts. Allein 110 Konzerte in 63 Städten gibt Yehudi Menuhin 1935 im Rahmen seiner Welttournee, nur das nationalsozialistische Deutschland spart er aus. Am Ende des Jahres erlebt Menuhin, noch keine 20 Jahre alt, seine erste Schaffenskrise. 18 Monate lang zieht er sich auf das Familienanwesen in Kalifornien zurück. Erstmals gibt es Kritik an seinem Virtuosentum: Nicht nur die Technik sei unzureichend, auch Sicherheit und Leichtigkeit seien seinem Spiel verloren gegangen. Menuhin erkennt die Krise, setzt sich in den Folgejahren mit der

17

*Gemeinsame Reisen: Menuhin 1958 mit seiner zweiten Frau Diana. Die Tänzerin gab ihren Beruf auf, um ihren Mann zu begleiten*

Standardliteratur auseinander und nimmt erneut Unterricht. „Ich hatte Geige gespielt, ohne sie technisch zu beherrschen", schreibt er in seinen Erinnerungen. Doch bis zum Ende seiner Karriere bemerken Kritiker immer wieder eine „gewisse Unausgewogenheit" in seinem Spiel. Auch privat geht Menuhin Umwege. 1938 heiratet er die 19-jährige Australierin Nola Nicholas. Die Ehe hält keine zehn Jahre. Die Kriegsjahre verbringt der junge Vater – die Kinder Zamira und Krov werden 1939 und 1940 geboren – mehr in Konzertsälen als mit seiner Familie. Rastlos reist er durch die Welt. Er habe, so sagt er später, sein Leben lang keine fünf Wochen an einem Ort verbracht.

Ständig erweitert er sein Repertoire, entdeckt vergessene Stücke wie Schumanns Violinkonzert. Die Musik ist für Menuhin nun zur Botschaft geworden, die klassischen Melodien ein Mittel der Völkerverständigung. Mehr als 500 Konzerte gibt er während des Krieges vor Soldaten der Alliierten und Mitarbeitern des Roten Kreuzes. 1945 besucht er, gemeinsam mit dem Pianisten Benjamin Britten, das Konzentrationslager Bergen-Belsen. Er spielt im befreiten Paris, reist in Militärflugzeugen nach Bukarest und Budapest. Die Zeit der improvisierten Konzerte vor entkräfteten Flüchtlingen und Soldaten sind seine wichtigsten Lehrjahre jenseits der Violine. „Dabei zerbrach die Schale meines Schneckenhauses, in dem ich bis dato gesteckt hatte", schreibt er später. Die Welt klatscht Beifall, erstmals nicht nur für den Musiker, sondern für den Menschen Menuhin.

Ein anderes Engagement ist vor allem unter jüdischen Musikerkollegen umstritten: Schon 1947 spielt er unter dem Dirigenten Wilhelm Furtwängler, der auch während der Nazizeit die Berliner und die Wiener Philharmoniker geleitet hat, wieder in Berlin. Menuhin selbst hat diese Entscheidung immer gerechtfertigt: „Ich hatte das Gefühl, dass es Zeit war, nachdem so viele Menschen ins Elend gestürzt worden sind, wieder für das Gute zu arbeiten."

1952 reist er zum ersten Mal nach Indien und entdeckt dort die Kunst des Yoga. Seinen Lebensmittelpunkt verlagert er an der Seite seiner zweiten Frau, der britischen Tänzerin Diana Gould, endgültig nach Europa, nach London und in die Schweiz. Dort lässt er regelmäßig seinen persönlichen Yoga-Lehrer B. K. S. Iyengar einfliegen und die Familie (1948 und 1951 werden die Söhne Gerald und Jeremy geboren) frühmorgens zu gemeinsamen Übungen antreten. Die Tänzerin Diana, die ihre eigene Karriere zugunsten ihres Mannes aufgegeben hat, bedenkt die manchmal fast naive Begeisterungsfähigkeit sowie die persönlichen Eigenarten Menuhins regelmäßig mit zielgerichtetem Spott. Zu seinen Yoga-Ambitionen sagt sie dem Magazin *Life:* „Ich habe jahrelang mein Bein hinters Ohr geklemmt, bin dafür aber immer bezahlt worden." Findige Feuilletonisten ersetzen die „drei großen B" bald durch die „drei großen Y": Yehudi, Yoga und Yogurt.

Menuhin, der auch im Alter keine weißen Flecken im Terminkalender ertragen kann, wendet sich weiterer Aufgaben zu: Sein Dirigentendebüt gibt er schon 1947 mit dem Dallas Symphony Orchestra, es folgen Engagements auf der ganzen Welt. Parallel dazu beginnt seine Karriere als Festivalleiter, Pädagoge und Publizist. 1957 gründet er das Schweizer Festival Musiksommer Gstaad-Saanenland, er ist künstlerischer Direktor im englischen Bath, initiiert und leitet das Festival in Windsor. Der Autodidakt, von seinen Eltern ganz im Sinne des klassischen Bürgertums erzogen, bildet seit 1963 an seiner Yehudi Menuhin School in Stoke d'Abernon junge Talente aus, unterrichtet dort selbst, sooft es geht. Mit seiner Initiative Live Music Now schickt er klassische Musiker in Krankenhäuser, Gefängnisse und Altersheime. Ähnlichen Zielen widmet sich seit 1994 das Programm MUS-E, das Kindern Kunst und Musik näher bringen soll.

Ende der sechziger Jahre wird Menuhin Präsident des Internationalen Musikrats der Unesco, setzt sich 1971 in Moskau mit einer provokanten, in fließendem Russisch gehaltenen Rede für unterdrückte Künstlerkollegen wie den Schriftsteller Alexander Solschenizyn und den Cellisten Mstislaw Rostropowitsch ein. Er schreibt Kommentare in internationalen Zeitungen (auch in der *ZEIT,* siehe Seite 46) – zur Völkerverständigung, zum Nahost-Konflikt, zum Balkan-Krieg. Vor dem Frühstück diktiert er Leserbriefe, von denen etwa die *Times* laut seinem Biografen Humphrey Burton rund 30 druckt, aber auch „viele höflich abwies". Menuhin lässt sich nie beirren, mischt sich ein, ist aufgeschlossen für Neues – auch abseits der klassischen Konzertszene: Er spielt mit dem französischen Jazzgeiger Stéphane Grappelli und dem indischen Sitar-Virtuosen Ravi Shankar. Mehr als 60 Komponisten schreiben für ihn, darunter der Ungar Béla Bartók, der ihm schon

*In späteren Jahren ist Menuhin als Dirigent erfolgreich. Er begeistert zum Beispiel mit Schubert-Sinfonien und Mozart-Opern*

1944 seine anspruchsvolle Solo-Sonate widmet. Menuhin wird unter anderem von der britischen Queen geadelt, mit dem Friedenspreis des Deutschen Buchhandels und dem Bundesverdienstkreuz geehrt – und bleibt doch immer der leidenschaftliche Musiker, als der er begonnen hat. Noch 1998 bescheinigt ihm ein deutscher Kritiker den „Elan eines jugendlichen Aufsteigers".

12. März 1999: Lord Yehudi Menuhin of Stoke d'Abernon stirbt mit 82 Jahren im Berliner Martin-Luther-Krankenhaus unerwartet an Herzversagen. Lange Nachrufe füllen die Zeitungen: Die Welt nimmt Abschied von Yehudi Menuhin, dem Wunderkind und Weltbürger, dem Virtuosen und Dirigenten, dem Mahner und Versöhner.

Maren Soehring    21

*1957: Rudolf Kempe und Menuhin nehmen mit den Berliner Philhar-*
*monikern Brahms' Violinkonzert auf – nachzuhören auf der ZEIT-CD*

# MENUHINS MUSIK –
# KOMPONISTEN UND WERKE

# Romantische Demokratie – Johannes Brahms und sein Violinkonzert

Johannes Brahms, der Junge aus dem Hamburger Gängeviertel, Sohn einfacher Leute, hatte es nie leicht – und hat es sich nie leicht gemacht. Nach der Ausbildung in seiner Heimatstadt lernt er als Klavierbegleiter des Violinvirtuosen Eduard Remenyi die Zentren der musikalischen Welt kennen und bekommt eine erste Anstellung am Detmolder Hof. Nachdem sich seine Hoffnungen auf die Chefdirigentenstelle in Hamburg nicht erfüllen, geht er nach Wien. 1868 gelingt ihm der Durchbruch mit dem *Deutschen Requiem*, 1877 kann er mit seiner zweiten Sinfonie einen Triumph feiern. Viele seiner Werke stoßen wegen ihrer musikalischen Dichte und kompositionstechnischen Komplexität zwar beim breiten Publikum oft auf Unverständnis, in Fachkreisen aber findet er höchste Anerkennung. 1895 wird auf dem Meininger Musikfest der Begriff der „drei großen B" geprägt: Bach, Beethoven, Brahms. Zwei Jahre später stirbt der Komponist, ein Klassiker schon zu Lebzeiten. Dass Brahms bei seiner Arbeit dennoch stets von Selbstzweifeln geplagt war, mag auch an den frühen Vorschusslorbeeren liegen, die ihm Robert Schumann 1853 verlieh. „Er ist gekommen, ein junges Blut, an dessen Wiege Grazien

*1862: Johannes Brahms als 29-Jähriger im Jahr seiner Übersiedlung von Hamburg nach Wien*

25

und Helden Wache hielten. Er trug, auch im Äußeren, alle Anzeichen an sich, die uns ankündigen: Das ist ein Berufener", schreibt er in der *Neuen Zeitschrift für Musik*. Zu diesem Zeitpunkt hat der 20-Jährige allerdings noch keine Komposition veröffentlicht. Und bis er sich reif genug fühlt, um nach Beethoven eine Sinfonie zu wagen, sollte Brahms 43 Jahre alt werden. Die Kammermusikwerke, mit denen er zuerst bekannt wird, gelten den Anhängern der so genannten Neudeutschen Schule als hoffnungslos veraltet. Tondichtung wie Franz Liszt muss man schreiben, Musikdramen wie Richard Wagner! Die traditionellen Formen gehören in die Luft gesprengt, Liebe, Literatur und Leben sollen Antriebskräfte der Kunst sein! Ohne sein Zutun gerät Brahms ins Zentrum eines ästhetischen Glaubenskrieges zwischen Fortschrittlichen und Konservativen, der aufseiten der Wagnerianer wie der „Brahminen" (Hans von Bülow) mit schärfsten verbalen Waffen ausgefochten wird. Er selbst beteiligt sich an den Auseinandersetzungen nicht, nimmt den Bayreuther Meister sogar gegen allzu wüste Verunglimpfungen in Schutz.

Wie absurd die Stilisierung von Brahms zum Lordsiegelbewahrer der Wiener Klassik ist, zeigt sein zwischen 1874 und 1878 entstandenes Violinkonzert – ein Meilenstein und Gipfelwerk des Genres bis heute. Rein äußerlich orientiert sich der Komponist am traditionellen Solokonzert, bei dem zwei schnelle Ecksätze einen langsamen Mittelsatz einrahmen. Doch wie er diese Form füllt, schockiert die Zeitgenossen, vor allem die Solisten. Statt einer Paradenummer für Virtuosen mit Orchesterbegleitung schuf Brahms ein sinfonisches Gebilde mit der Geige als „Erster unter Gleichen". Von einem „Konzert gegen die Violine" war darum die Rede. Noch bis weit ins 20. Jahrhundert galt das Konzert als „spröde". Pablo de Sarasate, neben Joseph Joachim der größte Geigenstar des 19. Jahrhunderts, empfand den Beginn des *Adagio* als Zumutung. Schließlich sei er nicht dazu da „mit der Geige in der Hand zuzuhören, wie die Oboe dem Publikum die einzige Melodie des ganzen Stückes vorspielt". Der Vorwurf der Melodienarmut ist für das heutige Publikum nur noch aus dem

damaligen Zeitgeschmack heraus verständlich: Natürlich darf die

Geige auch bei Brahms singen – nur eben nicht wie ein Operntenor. Die Melodie einem einzigen Instrument zu überlassen widerspricht Brahms' Kompositionsprinzip. Wo mehrere gleichberechtigte Partner miteinander reden, sind Monologe unerwünscht. Und so springt in seinem Konzert der Gedanke von der Violine ins Orchester und zurück, entwickelt sich, wird fortgesponnen, erscheint in unterschiedlichsten Formulierungen. Ein demokratisches Prinzip, das im Kaiserreich 1878 ungeheuer gewagt erschien.

Der erste Satz ist mit fast 25 Minuten Aufführungsdauer so lang wie ein klassischer Sinfoniesatz. Das Orchester führt im steten Stimmungswechsel durch ein typisch romantisches Nebeneinander von lichter und dunkler Seelenseite, bevor die Solostimme endlich wie Lava aus einem Vulkan schießt. Auf Durchführung und Reprise folgt eine Kadenz. Hier kann der Solist unbegleitet mit dem Material des Satzes spielen. Die erste, heute gebräuchlichste Kadenz des Konzerts stammt vom Uraufführungssolisten Joseph Joachim; in unserer Aufnahme spielt Menuhin aber die seines Zeitgenossen Fritz Kreisler. Die anschließende Coda, bei der der Solist über dem Orchester schwebt, gilt vielen als schönster Moment des ganzen Werkes, bevor der Satz mit einem halsbrecherischen Aufschwung endet.

Das langsame *Adagio* verzichtet vollständig auf Trompeten und Posaunen, Holzbläserklänge stehen im Vordergrund. Zwar gehören der Oboe die ersten 31 Takte, doch die Violine darf anschließend sehr eloquent über das Thema improvisieren. Der letzte Satz hat ungarischen Einschlag, das Thema wirkt geradezu populär, ohne grell zu werden. Hier kann der Solist sein Können zeigen, doch sind die rasanten Läufe und Sprünge des Hauptthemas weit von wohlfeiler Virtuosität entfernt. Sie haben in ihrer Scharfkantigkeit vielmehr etwas Grimmiges, Unerbittliches. Grandios, wie sich die Geige gewissermaßen selbst ausbremst, um ins gesangliche Nebenthema einzuschwenken. Eine strahlende Siegerpose zum Schluss gibt es natürlich auch nicht – der Satz läuft ruhig aus, ganz ohne applausheischendes Feuerwerk.

# FRANZÖSISCHE INSPIRATIONEN – BEETHOVEN UND SEINE ROMANZE G-DUR

Peter Ustinov erzählte gern eine Anekdote aus seiner Schulzeit. „Wer ist der größte Komponist aller Zeiten?", lautete die Frage. „Mozart, Herr Lehrer." – „Nein, falsch, setzen! Beethoven natürlich." Kaum einem Komponisten hat das Bildungsbürgertum so hohe Sockel errichtet wie Ludwig van Beethoven. Der lange Schatten erschwert allerdings den Blick auf viele Facetten des Komponisten – etwa seine Begeisterung für Frankreich. Napoleon, dem Revolutionär und Weltveränderer, hat Beethoven die *Eroica* zugeeignet (und diese Widmung später enttäuscht wieder entzogen). Auch die zwei Romanzen für Violine und Orchester, die Beethoven 1802 schreibt, als 32-Jähriger, sind französisch inspiriert – von dem Genre der *romance*. In den zeitgenössischen Lexika wird die Romanze als „Stück von einfachem Charakter mit ungekünsteltem Gesang in mäßig langsamer Bewegung" beschrieben. Was im späten 19. Jahrhundert zur sentimentalen Liebesschnulze degenerieren sollte, bewegt sich hier noch nahe am Volkslied.

*Ludwig van Beethoven (1770–1827)*
*komponierte die „Romanze G-Dur" vier Jahre vor*
*seinem berühmten Violinkonzert*

Betrachtete Beethoven die Komposition seiner *Romanzen G-Dur* *op. 40 und F-Dur op. 50* als Vorstudie zum langsamen Satz seines vier Jahre später vollendeten Violinkonzertes? Oder dachte er bereits an sein französisches Opernprojekt? Er plante ein Revolutionsdrama *Léonore ou l'amour conjugale,* aus dem nach langem Ringen der *Fidelio* wurde. Mit seinem Opus 40, mit dem eloquent-poetischen Dialog zwischen Solovioline und Orchester jedenfalls hat Beethoven den Prototyp einer neuen Gattung geschaffen, an der sich später auch Hector Berlioz, Antonin Dvořák, Max Bruch oder Carl Nielsen versuchen.

Für die G-Dur-Romanze wählt Beethoven eine erweiterte Strophenform, so wie man das beispielsweise aus Schuberts *Lindenbaum* kennt. Das Thema kehrt drei Mal in variierter Form wieder, unterbrochen jeweils von kontrastierenden Abschnitten, bevor zwei Fortissimo-Schläge das kleine Werk mit einem Ausrufezeichen beenden.

# Oper ohne Worte – Max Bruch und sein Violinkonzert Nr. 1

Seinen ersten Welterfolg schrieb er im Alter von 30 Jahren. Es sollte sein einziger bleiben. Sosehr sich Max Bruch auch mühte, alle wollten immer nur das g-Moll-Violinkonzert hören. Dabei hielt der 1838 in Köln geborene Komponist sein *2. Violinkonzert* oder auch seine *Schottische Fantasie* für viel gelungener. Mit der Zeit wurde ihm die Popularität des Stücks so verhasst, dass er sich gar ein polizeiliches Aufführungsverbot des Dauerbrenners wünschte. Nur keiner dieser Kleinmeister sein, die Notenfutter für Virtuosen liefern! Bruch, der glühende Bismarck-Verehrer, strebte nach Höherem. Er wollte der führende Tonsetzer des Kaiserreichs werden.

Den Plan, die „zündende deutsche Nationaloper" zu schreiben, muss er nach mehreren Musiktheater-Misserfolgen allerdings fallen lassen. Also wendet er sich dem Oratorium zu, verfasst abendfüllende Werke, die den Geschmack nationalkonservativer Chorvereinigungen und Liedertafeln treffen sollen. So vertont er die Geschichte von Arminius, dem Befreier der Germanen, und glorifiziert damit gleichzeitig die Einführung der allgemeinen Wehrpflicht. Selbst sein *Odysseus* wird zur Hymne auf die Vaterlandsliebe. Im bildungsbürgerlichen

Milieu kann sich Max Bruch damit etablieren, von 1891 bis 1910 leitet er eine Meisterklasse an der Berliner Akademie der Künste, wo unter anderem Ottorino Respighi und Ralph Vaughan Williams seine Schüler sind. Durch die streitlustige Starrköpfigkeit, mit der er auf seinen ästhetischen und politischen Überzeugungen beharrt, manövriert sich der Künstler aber bald immer mehr ins Abseits. Selbst gemäßigte Komponistenkollegen wie Richard Strauss und Max Reger beschimpft er als „musikalische Sozialdemokraten". Bei seinem Tod 1920 ist er völlig isoliert.

Im Repertoire überlebt hat von seinen über hundert Werken tatsächlich nur das frühe g-Moll-Violinkonzert. Virtuosen schätzen vor allem die Wirksamkeit der solistischen Effekte beim breiten

*Die Handschrift Max Bruchs: Vier Takte aus dem „Adagio" seines "Violinkonzerts g-Moll", vollendet 1868*

Publikum. Dabei war Max Bruch in Bezug auf die spieltechnischen Möglichkeiten der Geige ein absoluter Laie. Dass der Solist der Uraufführung und Widmungsträger des Stückes, Joseph Joachim, an der Entstehung der Partitur mit helfender Hand beteiligt war, wollte Bruch später nicht mehr wahrhaben. Der Veröffentlichung seines Briefwechsels mit dem Geiger verweigerte er 1912 kategorisch die Autorisierung.

Höchst musikdramatisch angelegt, ist das Violinkonzert eine Art Oper ohne Worte in drei Szenen. „Felsige Gegend" könnte die Szenenanweisung für den ersten Satz lauten: ein Paukenwirbel, dann setzt die Geige mit einem pathetischen Rezitativ ein, aus dem sich die Arie im sehnsuchtsvollen Mezzosopran-Tonfall entwickelt. Ein Gewitter scheint vorbeizuziehen, dann schwingt sich das Soloinstrument wieder auf, fasst das Gedankenmaterial der Einleitung zusammen, bevor der Umbau auf offener Bühne beginnt, die Musik sanft in den zweiten Satz hinübergleitet. „Waldlichtung bei Nacht" stünde hier im fiktiven Libretto, eine Sopranistin singt ihre Romanze im Rampenlicht. Weit spannt sich der Bogen des Gesangs, nach dem Vorbild des Belcanto wird die volksliedhaft-liebliche Melodie durch raffinierte Verzierungstechnik zur funkelnden Koloraturkette geschliffen. Dritter Satz, Finale, „Fest im Palais eines ungarischen Grafen". Acht Takte Spannungsaufbau im Orchester, dann startet die Geige, hier in der Rolle des Tenors, zum Bravour-Rondo, das Orchester ist zum Stichwortgeber degradiert, muss wie ein Opernchor immer wieder dieselbe Phrase bringen. Wenn das Virtuosenpulver verschossen ist, die Doppelgriffe, Skalen, Triller, ist plötzlich alles vorbei. Der Vorhang fällt schnell. Und der Saal rast.

Für sein Meisterwerk hatte sich der junge Komponist 1868 übrigens mit einem Pauschalhonorar abspeisen lassen – und musste dann jahrzehntelang machtlos mit ansehen, wie die Tantiemen für das Violinkonzert die Kasse seines Verlegers füllten.

Frederik Hanssen    33

Reportagen, Porträts, Essays und Kritiken

# Menuhin und die Zeit – das Beste aus 60 Jahren

Am 12. März 1999 starb Yehudi Menuhin 82-jährig in Berlin.

DIE ZEIT                                    18. März 1999, Nr. 12

# EIN TAG WIE EIN LEBEN

Musiker und Humanist – zum Tod von Yehudi Menuhin
Von Wolfram Goertz

Es war der Weltbürgersteig, auf dem er das Gespräch suchte. Lieber sprach er mit den Menschen als zu ihnen, er lieh jedem sein Ohr und spielte sich nicht als Eiferer auf. Was er sagte, war Einsichten abgelauscht. Wenn er predigte, schien hinter jeder Mahnung die Möglichkeit zur Umkehr auf. In Lord Yehudi Menuhin, der jetzt im Alter von 82 Jahren gestorben ist, hat uns ein Weltbürger verlassen. Zum Glück können wir uns an seine Musik halten, wir eilen zum Schrank und holen jene Bach-Aufnahme hervor, zu der sich der Geiger Yehudi Menuhin und der Pianist Glenn Gould am 18. Mai 1966 live im Fernsehstudio trafen (und die wie so viele gute Aufnahmen heute allenfalls noch auf Umwegen erhältlich ist): die *c-Moll-Sonate BWV 1017.*

*Im September 1997 lässt sich Menuhin in Wien
fotografieren – mit jenem Koffer, der ihn seit
1961 auf allen seinen Reisen begleitet hat*

**I. Satz, Largo, c-Moll.** Die Welt ist still, die Geige beginnt aus dem Nichts eine Erzählung. Melodie oben, Begleitung unten. Die Geige könnte sich sogleich forttragen lassen, flöten und lerchen, sie könnte ein kleines, schwermütiges Paradies auftun. Menuhin hingegen hebt nicht ab, sondern reflektiert Bachs Schlichtheit, bleibt im Gespräch. Er weiß vom ersten Takt an, dass er überhaupt nur durch den anderen existiert. Den Pianisten macht er nicht zum Gehilfen, sondern so sehr zum Partner, dass selbst Glenn Gould hier zutraulich wird. Es muss bei der Probe Wunderbares geschehen sein. Vermutlich war es damals Menuhins reiner, ein wenig kindlicher, unbescholtener Geist, der Gould ansprang. Einfach daherkommen, unverstellt, ohne Allüren, ohne die Geste des besserwissenden Virtuosen: Menuhins Geigenspiel machte immer große Augen und guckte sich staunend, doch nicht unreif die Welt der Musik an. Als der 13-Jährige in Berlin unter Bruno Walter an einem einzigen langen Abend die Violinkonzerte von Bach, Beethoven und Brahms gespielt hatte, war es um ihn geschehen. Der Scheue wurde als Wunderkind umarmt und geriet weltweit ins Gespräch, gegen das er sich nicht wehren konnte. Doch das Kind in sich zu leugnen, weigerte sich Menuhin. Er gab weitere Konzerte, stellte sich auf berühmteste Podien und wollte durch seine Geige reden, wollte an die Hand genommen werden. Manche Handreichungen – solche handwerklicher Art – hätte er brauchen können. Warum? Davon später, doch zunächst:

**2. Satz, Allegro, c-Moll.** Wieder ein Stück mit drei Stimmen. Gould hat zwei äußerst selbstständige, Menuhin bloß eine, doch hält er nur dann dagegen, wenn Bachs Kontrapunkt das erlaubt. Nicht aus Edelmut, sondern aus Einsicht lässt er Gould manchmal den Vortritt, die Geige hört dann zu, sie respektiert und atmet mit. Wenn man so will, hört man hier paradigmatisch Menuhins Willen zur Toleranz.

Die Gabe, zuhören zu können, besaß Menuhin, bevor er die andere entwickelte: selber sprechend auf seine Zuhörer zuzugehen. Aus der Offenheit sprach Skepsis gegenüber jeglicher Gewissheit, vorurteilsfreie Vorsicht gegenüber den Urteilen. Er wollte die Welt und das, was in ihr passierte, von allen Seiten kennen lernen, nicht nur Visiten abhalten. Als er 1947 wieder in Berlin gastierte, als erster Amerikaner nach dem Krieg, als Jude und noch dazu mit Furtwängler, wusste Menuhin genau, warum er es tat: nämlich aus der gleichen fragenden humanistischen Gesinnung heraus, die ihn wenige Jahre zuvor mit der Geige zu den alliierten Truppen geführt hatte. Er glaubte, dass alles Geschichtliche weit mehr als nur eine einzige Dimension und Perspektive besäße. Und im zeitlichen Schnittpunkt dieser Auftritte: sein Musizieren vor den Überlebenden der Konzentrationslager Bergen-Belsen, Buchenwald und Dachau. Diese Gabe, schier allen Seiten, ohne Ansehen der Person, sein Ohr, sein Wort und das Spiel seiner Violine leihen zu können, sollte ihn lebenslang davor bewahren, als bloßer Gutmensch und lächelnder Wohltäter abgetan zu werden.

**3. Satz, Adagio, Es-Dur.** Jetzt verhilft kein motorisches Tempo mehr zur Einigkeit, jetzt sind die Instrumente völlig unabhängig voneinander, rhythmisch und thematisch. Eine Charakterfrage. Menuhin wählt in schier beängstigender Musikalität den richtigen Weg. Er webt seine Stimme als Schleier, der sich sanft und breit über die Musik legt. Zugleich wird der Schleier zum Teil von ihr. Goulds unerhörtes Gleichmaß, sogar sein notorisches Mitbrummen fügen sich zu einer kammermusikalischen Dichte, in der sich das Es-Dur alsbald elegisch verschattet. Nun ist die Atmosphäre einzigartig. Sie changiert zwischen Stimmungen. Dabei kommt es, wie nebenbei, zu kleinen Unachtsamkeiten. Der Geiger Menuhin galt nie als Inbegriff des Perfekten. Die Karriere hatte zu früh begonnen, die Technik war längst nicht austrainiert. Doch schienen angerutschte Noten, unkontrolliertes Vibrato oder leicht missglückte Lagenwechsel bei ihm keinerlei Zerknirschung hervorzurufen. Möglicherweise beförderte gerade der Verzicht auf die Korrektur das Geheimnis des Menuhinschen Geigentons, der sich stets trocken am Moment entzündete und doch seine Sehnsucht äußerte wie in diesem Adagio. Vielleicht wollte Menuhin gerade das eigene Anfechtbare seinem ganzheitlichen, auf Versöhnung der Widersprüche ausgerichteten Weltbild nicht ausgetrieben wissen.

**4. Satz, Allegro, c-Moll.** Jetzt darf es erneut schnell zugehen. Bei den beiden wird es aber experimentell. Menuhin arbeitet, ohne dass die Geige klirrt oder die Linie verliert. Er lässt sich von Gould anstiften, seine Linien sehr nervös zu vernähen. Es liegt etwas Zielloses in dieser vorantreibenden Flüchtigkeit, doch nicht nur. Nach bewusst geträumtem Gesang, polyfoner Etüde und melancholischer Süße haben die beiden nun Freiheit und Spaß daran, die Materie knirschen und stauben zu lassen. Ausprobieren, Erlebnishunger. Das Denkbare riskieren und nicht nachdenken, dass das Ebenmaß leiden könnte. Darüber geht das Stück im Einklang von Yehudi, Glenn und Johann Sebastian zu Ende: ein einziges C, oben, in der Mitte, unten. Danach nur noch Bandrauschen. Ende.

Menuhin hat im Leben vieles ausprobiert. Er spielte mit Stéphane Grappelli und Ravi Shankar, begann zu dirigieren, gründete Festivals, forschte, lehrte, lernte, lieh der Ökologie sein Herz und dem Pazifismus seine Stimme. Außerdem müsse man den „richtigen Gott in sich" suchen, sagte er einmal. Er tat alles schier simultan, denn er hatte nur dieses eine Leben und keinen fünften Satz mehr.

Yehudi Menuhin war der einzige bedeutende Geiger, mit dem Glenn Gould je im Duo musiziert hat. 1967, wieder im Mai, widmete er Menuhin sogar eine Einführung zu einer Radiosendung, die dessen gesamte Diskografie zum Inhalt hatte, und sendete eine Aufnahme des 16-Jährigen von Elgars Violinkonzert – ein Werk, das Menuhin wie alles andere auch in seinem kostbaren, erfüllten Leben, sehr geliebt hat. Diese Liebe hat ihn durchs Leben getragen. Vor allem zu uns. Yehudi Menuhin, geboren am 22. April 1916 in New York, starb am 12. März 1999 auf einer Konzertreise, in Berlin.

1963 gründete der 47-jährige Yehudi Menuhin in der südostenglischen Grafschaft Surrey seine Schule für begabte Nachwuchsmusiker aller Länder und Einkommensverhältnisse. Inzwischen hat sie 60 Schüler. Unterrichtet wurden hier bis heute unter anderem die Geiger Nigel Kennedy und Corina Belcea, der Cellist Paul Watkins und der Pianist Melvyn Tan. Der in dieser Reportage erwähnte Geiger Volker Biesenbender wurde später als vielseitiger Künstler mit einem Repertoire von Barock bis Jazz und als musikpädagogischer Autor bekannt.

DIE ZEIT                    18. November 1966, Nr. 47

# GRAMMATIK, DREHBANK UND MUSIK, VIEL MUSIK

Einzigartig in der Welt: die Yehudi-Menuhin-Schule
Von Robert Lucas

Hinter Stoke d'Abernon fahre ich durch ein Parktor, und vor mir öffnet sich eine Constable-Landschaft. Mächtige Bäume in leuchtenden Herbstfarben. Weidende Rinder. Über dem Hügelhang das große viktorianische Landhaus, das seit drei Jahren Yehudi Menuhins Schule beherbergt.

„Mr Brackenbury?"

„Durch den Torbogen mit dem Uhrturm hindurch, dann rechts."

Der Klang einer Geige, die korrigierende Stimme einer Lehrerin. Der alte Uhrturm schmückt die ehemaligen Stallungen. Das Gebäude enthält, gründlich umgebaut, Büro- und Unterrichtsräume und die Wohnung des Schulleiters, A. H. Brackenbury.

„Wie viele Kinder? Gegenwärtig vierunddreißig. Wir können noch ein paar mehr aufnehmen. Ursprünglich dachten wir daran, die Schülerzahl allmählich auf hundert zu erhöhen. Aber davon sind wir abgekommen. Wir wollen nicht, dass die Schule ihren intimen Charakter verliert und der Unterricht seine Intensität. Fünfzig – das wäre wohl das Maximum.“

Mr Brackenbury, groß, schmächtig, Produkt von Cambridge, ein hochwertiger Professional auf dem pädagogischen Feld, betrachtet sich bescheiden als Amateur auf jenem Gebiet, das den Daseinszweck der Schule darstellt: der Musik. Er ist die Verkörperung des realistischen Denkens in einer Gemeinschaft von Enthusiasten, deren Ambitionen und Träume leicht dazu neigen könnten, das Internat in ein musisches Wolkenkuckucksheim zu verwandeln. Er ist der Praktiker, der darauf achtet, dass neben der rechten Fingerhaltung der jungen Musiker ihre Rechtschreibung nicht vernachlässigt wird und neben der Harmonielehre die Mathematik nicht zu kurz kommt.

Die Schule für musikalisch begabte Kinder liegt 30 Kilometer von London entfernt in der Grafschaft Surrey. Sie ist die einzige ihrer Art, nicht nur in England, sondern in der ganzen Welt, wenn man von einem Internat in Sowjetrussland absieht, dem ähnliche Ideen zugrunde liegen und dessen Erfahrungen man sich in Stoke d'Abernon zunutze gemacht hat. Es werden nur Kinder aufgenommen, die über eine ganz ungewöhnliche musikalische Begabung verfügen. Jeder Kandidat wird von Menuhin selbst geprüft. Die Zulassung gilt zunächst für zwei Jahre; wenn sich im Laufe dieser Zeit erweisen sollte, dass das Kind die Erwartungen seiner Lehrer nicht erfüllt, wird den Eltern nahe gelegt, es lieber in eine „normale“ Schule zu senden.

Was immer die Zukunft diesen Jungen und Mädchen bringen mag, hier wird der Ablauf ihres Schultages und der Rhythmus ihres Lebens durch Musik bestimmt. Jedes Kind hat sein eigenes Schlafzimmer, und aus jeder zweiten dieser freundlichen Stuben klingt, während ich durch die beiden Gebäude geführt werde, das Geigen- oder Bratschenspiel.

*Wunderkinder unter sich: Der Geiger Nigel Kennedy bekommt als Siebenjähriger ein Stipendium an der Yehudi-Menuhin-Schule*

Unten in den Proberäumen, wo die Flügel stehen, vibriert die Luft von den Läufen und Akkorden der jungen Pianisten.

In dem hellen Klassenzimmer nebenan mag gerade eine Grammatikstunde stattfinden, in der Werkstatt mögen drei, vier Jungen an der Drehbank unterwiesen werden – aber es sind Terpsichore und Polyhymnia, die Musen der Musik, die hier die Herrschaft ausüben. Für die allgemeinen Unterrichtsfächer stehen vier Lehrer zur Verfügung; die Musik jedoch ist durch nicht weniger als zwölf erstklassige Pädagogen vertreten, darunter Marcel Gazelle, der 30 Jahre lang Yehudi Menuhins ständiger Begleiter war. Die jüngsten Kinder sind acht Jahre alt, die ältesten 16. Für die Pflichtschulfächer ist es kaum möglich, die Schüler in Altersstufen einzuteilen. Es ist notwendig, die Jungen und Mädchen in ganz kleinen Gruppen, ja im Wesentlichen individuell zu unterrichten, so wie auch ihre musikalische Erziehung ganz und gar auf einer persönlichen Basis vonstatten 43 gehen muss. Das erklärt die bemerkenswerte familiäre Atmosphäre. Die Mehrzahl der Kinder stammt aus den verschiedensten Teilen der Britischen Inseln; bezeichnenderweise sind viele von ihnen die Söhne und Töchter von Musikern. In rund der Hälfte der Fälle werden die hohen Schulgebühren durch Stipendien gedeckt. Es gibt auch eine Hand voll von Kindern aus dem Ausland: zwei indische Jungen, ein amerikanisches Mädchen und zwei Deutsche. Ganz offensichtlich sind die Kinder in dieser Schule ungemein glücklich.

„Es ist ganz toll hier!", erklärt mir Dorothee Hengen, und ihre Augen strahlen. Dorothee ist 14 Jahre und stammt aus der Gegend von Koblenz, wo ihr Vater Oberförster ist. Sie spielt Klavier und hat jetzt ihr drittes Jahr in Stoke d'Abernon begonnen; ein bekannter deutscher Musikverleger bezahlt für ihr Studium. Warum es wohl so toll sei? „Ach, Musik, so viel Zeit für Musik. Und der Unterricht, überhaupt alles!" Was Dorothee mädchenhaft schwärmerisch ausdrückt, bestätigt Volker Biesenbender mit männlicher Reife. Volker ist 16 Jahre alt, Geiger und seit einem Jahr in der Yehudi-Menuhin-Schule. Er ist der Sohn eines Walzwerkers in Duisburg, und seine Studienkosten werden von der August Thyssen-Hütte bezahlt.

Während ich mit Volker spreche, ist Menuhin in seinem grünen Mercedes vorgefahren. Es ist sein erster Besuch seit dem Beginn des Schuljahrs. Er ist gehetzt von anderen Verpflichtungen: Konzerte in allen Ländern der Welt, die Musikfestspiele in Bath und Gstaad, die er gegründet hat und leitet, Schallplattenaufnahmen, Rundfunk- und Fernsehsendungen, Werbung für indische Musik, für die er in der westlichen Welt Verständnis erwecken will, und schließlich Aktionen der verschiedensten Art, um die finanzielle Basis seiner Schule zu festigen. Denn die Yehudi-Menuhin-Schule wurde von ihm mit lächerlich geringem Kapital geschaffen – „es handelte sich um einen Akt des Glaubens" –, und die Schulgebühren von rund 6000 Mark jährlich können die tatsächlichen Kosten bei weitem nicht decken. „Ich habe die feste Absicht, öfters hierher zu kommen", verspricht Menuhin. Er hatte immer geplant, selbst am Unterricht teilzunehmen. „Ich will erziehen", erklärt er mir. „Das war von jeher mein Wunsch. Lehrer zu sein ist meiner Überzeugung nach die Erfüllung des Lebens." Er hatte den Plan, eine Musikerschule zu gründen, jahrzehntelang in sich getragen, ehe er ihn verwirklichen konnte. Als „Wunderkind" hatte er selbst erlebt, welche Spannungen die einander gelegentlich widersprechenden Anforderungen des normalen Schulunterrichts und der künstlerischen Entwicklung in der sensitiven Seele eines begabten Kindes erzeugen können. „Echte künstlerische Begabung zeigt sich schon in einem sehr frühen Alter. Darum ist es von größter Bedeutung, dass junge Musiker in einer musikalischen Atmosphäre aufwachsen. Wir wollen nicht Virtuosen heranbilden, die bei internationalen Wettbewerben möglichst viele Preise einheimsen. Ich werde glücklich sein, wenn sich die Jungen und Mädchen meiner Schule zu erstklassigen Lehrern entwickeln werden. Die großen Künstler werden dann in der nächsten Generation folgen."

Immer wieder hat Yehudi Menuhin Stellung zu politischen Fragen genommen, auch in der *ZEIT.* 1988 erlebte Israel den bis dahin heftigsten Wahlkampf seiner Geschichte, da im Jahr zuvor der Aufstand der Palästinenser in den besetzten Gebieten begonnen hatte. Vor den Wahlen am 1. November 1988 erinnerte Menuhin in einem Essay an die biblische Friedensmission des jüdischen Volkes. Nach den Wahlen waren Rechte und Linke etwa gleich stark und setzten ihre Große Koalition fort, ultraorthodoxe Splittergruppen erzielten überraschende Erfolge.

DIE ZEIT                                        16. September 1988, Nr. 38

# Traum, Albtraum oder Vision?

Nur ein Bundesstaat für Juden und Palästinenser kann Frieden stiften | Von Yehudi Menuhin

Der reine jüdische Traum von einer politischen Heimat im Heiligen Land, wie ihn Theodor Herzl hegte, ließ die arabische Realität außer Acht. Selbst heute noch möchten die meisten Israelis in dieser Realität nichts weiter als ein befristetes Hindernis auf dem Weg zu einem stabilen und selbstständigen Staat sehen. Wenn ich mir die aktuelle politische Lage in Israel vergegenwärtige, möchte ich von einer Sequenz aus Traum, Albtraum und Vision sprechen. Der Traum kann als private Sehnsucht verstanden werden, während der Albtraum den Kampf zwischen der Verwirklichung des Traums gegen eine unvorhergesehene Realität darstellt. In der Vision würden sich schließlich Traum und Wirklichkeit friedlich zusammenfinden. Um aber auf das besagte Hindernis zurückzukommen: Weil es abgewehrt und umgangen werden soll, ist aus dem Traum ein einziger Albtraum geworden. Er hat sich inzwischen zu Schießereien und Anschlägen gesteigert – ein Zustand, der nur als vorübergehend und instabil denkbar ist.

Dennoch bin ich davon überzeugt, dass es jenseits der kindlichen Begeisterung darüber, dass ein Traum Wirklichkeit geworden ist, jenseits der alles erfassenden Leidenschaft des Jugendlichen und der Enttäuschung angesichts des Albtraums auch die erwachsene und gereifte Vision eines wirklichkeitsnahen, zufrieden stellenden und erreichbaren Staates gibt. Diese Vision schließt mit Sicherheit die ernst gemeinte, von Herzen kommende Versöhnung mit dem Volk der Palästinenser ein; sie sind unsere Nachbarn und die „anderen" Waisenkinder der Welt.

Die Vision eines föderativen Staates, der nach dem Muster der Schweizer Eidgenossenschaft beide Völker einschließt, ist meiner Ansicht nach die einzig lebensfähige. Dieser beide Völker vereinende Bundesstaat würde allen Bürgern die gleichen Rechte sowie die repräsentative und spezifische Vertretung von Individuen, Gruppen und Gebieten (Kantonen) gewähren und wie beim Schweizer System der Rotation zwischen der deutschen, französischen und italienischen Bevölkerung ein zwischen Juden und Palästinensern wechselndes höchstes Amt in der einen Hauptstadt Jerusalem zur Grundlage haben. Auch wenn dieser Vorschlag zunächst zurückgewiesen wird, sollten wir ihn meiner Meinung nach doch entschlossen verfolgen. Dabei sollten bereits behutsam und verständnisvoll die wichtigen Themen Siedlungspolitik, mögliche Entschädigung für besetzte     47

Zonen sowie alle anderen gemeinsamen Probleme und Perspektiven wie etwa im Bildungswesen, bei der Bewässerung und in der Landwirtschaft diskutiert werden.

Tatsächlich beherbergt Israel innerhalb seiner engen Grenzen bereits eine beträchtliche Zahl Palästinenser als Staatsbürger; warum also nicht die Umarmung bis an die Ufer des Jordans ausdehnen? Die Palästinenser können nicht als gefügige, alles widerspruchslos hinnehmende Bürger und gleichzeitig als Untertanenrasse behandelt werden; sie sollten entweder alle das Gefühl haben, unwillkommen zu sein (eine sehr gefährliche Alternative), oder eben alle willkommen sein. Oder wie es unser großer Präsident Abraham Lincoln formulierte: Keine Nation, die zur Hälfte versklavt und zur anderen Hälfte frei ist, kann überdauern.

Mein Vertrauen auf die Klugheit und die Großherzigkeit meines Volkes ist groß genug, dass ich an die Erfüllung seines Auftrags glauben kann. Die meisten Gebote zum menschlichen Miteinander, die im Neuen Testament verkündet werden, wurden bereits im Alten Testament gepredigt, und unsere Propheten haben keinen Zweifel an den Bedingungen gelassen, von denen Jehova seine versprochene Wiederkehr abhängig macht – und zu diesen Bedingungen gehörte gewiss nicht die Erniedrigung und Verfolgung eines anderen Stammes. Oder wie es bei Jesaja heißt: „Denn so spricht der Herr, der Heilige in

*Im Herzen der Heiligen Stadt: Orthodoxe Juden treffen sich an der Jerusalemer Klagemauer zum Gebet*

Israel: Wenn ihr stille bleibt, so würde euch geholfen. Durch Stillesein und Hoffen würdet ihr stark sein. Aber ihr wollt nicht."

Ich persönlich erhoffe mir nicht sehr viel von einem Tausch „Frieden gegen Land" oder der Konstruktion einer bedingten Autonomie und/oder einer Option zwischen jordanischer und israelischer Staatsbürgerschaft. In meinen Augen sind das alles nur Kunstgriffe, die überhaupt nichts mit von Herzen kommenden Gefühlen zu tun haben. Wir dürfen nie vergessen, dass wir es hier mit Leidenschaften wie Stolz, Treue, Liebe, Hass, Furcht und mit Traditionen zu tun haben, die keine juristisch noch so einwandfreie Formulierungskunst beseitigen könnte, geschweige denn, dass sie dem entspräche, was in dieser explosiven Situation erforderlich ist.

Da der Staat Israel so außerordentlich verschiedene Rassen und Temperamente einschließt und innerhalb seiner engen Grenzen mehr unterschiedliche ethnische Gruppen beheimatet, als es sie irgendwo sonst in der Welt gibt, bin ich davon überzeugt, dass wir den Zusammenschluss der gesamten biblischen Region zu einem ebenso starken wie gerechten Staat erreichen können, der unabhängig wäre von fremden Mächten (die es offenbar hauptsächlich darauf abgesehen haben, Waffen zu liefern und wechselnden Einfluss auf ihre Satellitenvölker auszuüben) – einen Staat, der dann auch in der Lage wäre, nicht nur dem Nahen Osten, sondern der ganzen Welt als Vorbild zu dienen. Dieser Zusammenschluss ist aber nur möglich, wenn wir alle religiösen und fiktiven rassischen Sonderrechte aufgeben, die ohnehin keiner mehr rein und einheitlich beanspruchen kann. (…)

Meiner bescheidenen Meinung nach ist ein föderativer selbstständiger Staat die einzig mögliche Staatsform, die sowohl den Traum als auch die Wirklichkeit einschließen kann. In der ausgezeichneten Zeitschrift *The New Outlook,* die in Haifa erscheint und in der seit den 40 Jahren, die Israel existiert, Araber und Juden sich zu Wort gemeldet haben, wurden bereits verschiedene Vorschläge für eine solche Föderation gemacht. Unschätzbar wären die Vorteile, die sich ergäben, wenn man sich die Vision zu Eigen machte, die ich hier vorschlage. Zu ihnen gehörte nicht zuletzt das Zusammenbrechen jeglichen Widerstands gegen Israel. Sowie die unanfechtbare Entwicklung eines starken und integrierten Bundesstaats, der so ausgewogen und stabil und ebenso wohlhabend sein könnte wie die Schweiz. Er könnte im Weiteren der Ausgangspunkt für eine Staatengemeinschaft im Nahen Osten sein, der sich unsere Nachbarn Ägypten und Jordanien anschlössen und die sich möglicherweise bis nach Saudi-Arabien und zu den Golfstaaten erstrecken könnte. Vielleicht dürfen wir hoffen, dass die Palästinenser nicht mehr glauben müssen, durch den militärischen Verteidiger Jassir Arafat vertreten zu werden, wenn wir sie als uns gleichberechtigt betrachten, wie das, wie ich weiß, bereits in Haifa und vielen anderen Städten der Fall ist? Schließlich bestünde der keineswegs geringste Vorteil darin, dass die ursprüngliche Vorstellung von den Juden bei den anderen Völkern erneuert würde, dass sie also wieder ihrem Bild als idealistische, praktische, pragmatische und vorausschauende Menschen entsprächen.

Oft genug zeichnet sich die Möglichkeit einer Lösung von andernfalls selbstmörderischen Tendenzen gerade in Momenten quälender Gewissenserforschung ab, in einer solchen historischen Krise, wie wir sie eben durchmachen. Israels überlegene Militärmacht sollte uns nicht täuschen: Diese Übermacht hat bereits alle arabischen Völker davon überzeugt, dass Israel nicht mehr von der Landkarte verschwinden wird. Doch kann die militärische Macht das Überleben nicht auf Dauer gewährleisten; tragischerweise ist sie nichts weiter als ein Katalysator für den schließlichen Tod, der noch jeden vorangegangenen „einzigen" Besatzer Jerusalems ereilt hat.

Denn wir bringen ja nicht nur den Arabern des Heiligen Landes Schaden, sondern bauen nach und nach eine allgemeine entschlossene Feindseligkeit gegenüber Israel bei den riesigen islamisch-arabischen Völkergemeinschaften im gesamten Nahen Osten auf, selbst bei denen, die sich bisher noch nicht in die Schlachtformation eingereiht 51 haben, obwohl sie bereits eifrig untereinander üben. In scharfem Kontrast zu meiner Vision steht vermutlich ein zynischer arabischer Traum, der freiwillig auf die Palästinenser verzichtete zugunsten des umfassenderen Anliegens einer breiten panarabischen und aller Wahrscheinlichkeit nach fundamentalistischen Allianz gegen Israel. Die Anhänger jenes Traums reden Jassir Arafat nur nach dem Munde.

Allerdings bedeutete es für die Israelis einen tragischen Irrtum, wenn sie das gleiche zynische Spiel trieben (die Politiker sprechen unglücklicherweise von „Realismus") und die Palästinenser, die in dieser sich dem Siedepunkt nähernden Welt noch am ehesten ihre Freunde, Helfer und Verteidiger sein könnten, einfach opferten. Es wäre ebenso unmoralisch wie gefährlich, eine arabische Partei gegen die andere auszuspielen – das berüchtigte divide et impera. Denn diese Parteien sind höchst unbeständig; auch ist nicht zu erwarten, dass sie ehrenwerter sind als ihre Drahtzieher. Könnte ein rein jüdischer Staat, ein modernes Sparta, das von Arabern „gesäubert", sozusagen „arisiert" wäre, in den kommenden Jahrzehnten wirklich mit sich und seinem Gewissen in Frieden leben? Wären sich alle Juden in Israel einig? Und könnte ein Israel, das das Erwachen erbitterter Feindschaft an seinen Grenzen mit ansieht und gezwungen ist, als Satellitenstaat einer Großmacht und mit immer schlechteren Aussichten den unausweichlichen Weg eines verzweifelten Überlebens zu gehen, könnte dieses Israel wirklich eine Nation sein, ein Staat, der seine überragende Stellung in den Künsten, in der Forschung und der Wissenschaft und der eigentlichen Führung der Welt behauptet?

Ich jedenfalls bin der festen Überzeugung, dass eine zynische Haltung, und sei es ein heroisches Opfer im Geiste von Masada, sei es das mitleiderregende Sich-Einschließen hinter Ghettomauern oder Maginotlinien (aus all dem spricht derselbe Geist), in jeder Hinsicht – in moralischer, praktischer oder strategischer – die falsche Antwort wäre und außerdem noch selbstzerstörerisch. Wenn man nur die pathetische und rührende Frage stellt: „Warum müssen ‚wir' uns besser als andere Völker benehmen?"", dann lautet die Antwort, dass „wir" in Jerusalem tatsächlich dazu verdammt sind, der ganzen Welt als Vorbild zu dienen, sind wir doch, ob wir es wollen oder nicht, auf die Erfüllung der uralten Prophezeiungen und Gebote verpflichtet. Der Fall läge anders, wenn das jüdische Volk beschlossen hätte, einen Staat mitten in Australien zu errichten; doch um wie viel größer und ehrenvoller sind darum die Möglichkeiten für das jüdische Volk in Israel.

Die Welt steht und fällt weniger mit dem Schicksal des jüdischen Volkes selbst als mit dem, was das jüdische Volk mit Jerusalem vorhat. Jerusalem kann der Schlüssel zum Weltfrieden sein – genauso wie ein ausschließlich jüdisch beherrschtes Jerusalem ein Omen für den Weltkrieg sein könnte. Diese schicksalhafte Entscheidung ist die eigentliche Aufgabe des jüdischen Volkes. Was für eine Herausforderung! Und was könnte man sich mehr wünschen, mehr erträumen an universeller Verantwortung? In diesem 40. Jahr des Kampfes um seine Existenz und angesichts der herausragenden Leistungen dieser vier Jahrzehnte gibt es schlechterdings nichts Angemesseneres, als dass Israel seine Zukunftsvision im Lichte seiner eigenen schreienden Nöte, der seiner Nachbarn und der der Menschheit neu bestimmt.

DIE ZEIT                                           28. November 1958, Nr. 48

# GEGEN ROCK 'N' ROLL

Zu einer künstlerischen Offensive gegen den Rock-'n'-Roll-Krach sind Yehudi Menuhin, Rudolf Serkin, Dimitri Mitropoulo und andere bekannte Musiker angetreten. Sie wollen als Erstes in 24 US-Staaten für Jugendliche kostenlose Kammerkonzerte veranstalten. Wegen des Erfolges wäre man zuversichtlich, wenn man Rock 'n' Roll für ein Phänomen des musikalischen Geschmacks halten könnte.

*Konkurrenz für die Klassik: Elvis Aron Presley*
*– hier bei einem Auftritt 1956 in den USA –*
*verkaufte bis heute 500 Millionen Tonträger*

Die Begegnung mit dem 74-jährigen Menuhin im Dezember 1990, aus der dieses Porträt entstand, fiel in eine weltpolitisch dramatische Zeit. Im August hatte der Irak Kuwait besetzt, das Eingreifen einer multinationalen Streitmacht unter US-Führung stand bevor. Im Oktober hatten in Jerusalem nach Steinwürfen von Arabern gegen betende Juden israelische Sicherheitskräfte auf dem Tempelberg 17 Menschen erschossen. Den Weltbürger Menuhin brachte das zu ungewohnt pessimistischen Einschätzungen.

DIE ZEIT                                          8. Februar 1991, Nr. 7

# EIN EINSAMER MANN

Künstler, Idealist und Visionär jenseits aller Moden
Von Reiner Luyken

„Sehen Sie mal", flüsterte meine Nachbarin mir zu, „eine ganze Menge Plätze sind frei geblieben. Bei Karajan hätte es das nicht gegeben."

Ich wurde das Gefühl nicht los, Yehudi Menuhin sei ein einsamer Mann, als er an diesem Dezemberabend die Berliner Philharmoniker dirigierte. Es war nicht die erhabene Einsamkeit des Dirigenten, der die hundert Klänge des Orchesters mit großartigen Bewegungen zu einem Gemälde, zu seinem Gemälde zusammensetzt. Menuhins Gesten sind zurückhaltend und unimposant, ohne die Geige haben seine Handbewegungen fast etwas Unbeholfenes. Er hatte den ganzen Tag mit dem Orchester geprobt. Doch jetzt schien es, als könne es mit der Musik nichts anfangen. Kein Funke sprang auf das Publikum über.

Antal Doratis Liederzyklus *Herbst* stand auf dem Programm. Dorati war ein lebenslanger, enger Freund Menuhins, er starb 1988. Er war es, der ihn 1942 mit Béla Bartók bekannt machte. Und Bartók schrieb für Menuhin eine Sonate, das wohl großartigste Stück für Solovioline seit den Partiten Johann Sebastian Bachs. Dorati überredete Menuhin 1956, das Musikfestival im schweizerischen Saanen aus der Taufe zu heben. Menuhin hielt ihm immer die Treue.

Ich erinnere mich noch sehr gut an die Uraufführung des *Oktetts* von Antal Dorati während der Musikwochen von Saanen 1966. Ich war damals ein Kind und voll kindlich frischer Begeisterung für Musik. Doch das *Oktett* fand ich unerträglich. Den Erwachsenen ging es ebenso. Der Respekt für Menuhin verbot, das elende Prickeln im Hintern und den Juckreiz zwischen den Zehen einzugestehen. Und nun, ein Vierteljahrhundert später, die gleiche Stimmung in der Philharmonie. Obendrein die leeren Plätze, das fühlbare Desinteresse sogar des Orchesters an dem Stück. Menuhin stand ganz allein in seiner Treue zu dem gestorbenen Weggefährten.

Fast so, als ob seine Zeit abgelaufen sei. Ist sie es nicht? Wer interessiert sich noch für den Idealisten Menuhin, der einmal glaubte, durch die Musik die Menschheit zu versöhnen? Der Friedenspreisträger des Deutschen Buchhandels, der zugunsten Armer und Hungernder auf Honorare verzichtete, er entspricht nicht den Moden der Saison – auch wenn er im Mai den mit 100 000 Dollar dotierten israelischen Wolf-Preis erhalten wird, als „einer der größten Geiger des 20. Jahrhunderts" und für sein humanitäres Engagement. Menuhin, jetzt 74, ist das Relikt einer verflossenen Ära, der Ära Bruno Walters, der geigenden und dirigierenden Brüder Adolf und Fritz Busch und des großen Rumänen George Enesco. Er wurde 1916 in New York geboren, der Sohn russisch-jüdischer Eltern.

Eigentlich hießen sie Mnuchin, Abkömmlinge chassidischer Rabbiner. Der Vater übersetzte den Namen bei der Ankunft in New York mit Menuhin. In Palästina hatte er, der als Junge dem Pogrom in Gomel entkommen war, seine Frau kennen gelernt, und als den Eltern auch in der Neuen Welt die hässliche Fratze des Antisemitismus begegnete, beschlossen sie, ihren Erstgeborenen Yehudi zu nennen, „der Jude".

Mit fünf Jahren fing das Bübchen mit dem Geigenspiel an; mit zwölf gab das Wunderkind unter Bruno Walter sein erstes Konzert in der Berliner Philharmonie. Adolf Busch und George Enesco waren seine Lehrer, beide eher weit belesene Musiker als brillante Virtuosen. Als junger Mann dachte Menuhin, er könne mit der Geige die Völker verbrüdern – ein heute fast lächerlich erscheinender Idealismus. Heute wallen wieder atavistische Urkräfte auf, Nationalismus, in Bewegung geratene Völker, Krieg und Angst. Zumal in Berlin, das in der Flut der Geschichte wie ein losgerissenes Floß treibt.

Am Morgen nach dem Konzert holte mich Menuhin mit derselben Miene im Foyer seines Hotels ab, mit der er am Vorabend unter höflichem Beifall im Künstlerzimmer verschwunden war. Ein fernes Lächeln und der suchende Blick, der sich in etwas Unerschließlichem verliert. Verschwunden aber war die Neugier darin. In Großbritannien gehört Menuhin zu den respektiertesten Persönlichkeiten des öffentlichen Lebens. Er ist Sir Yehudi, Knight Bachelor, und seit ein paar Jahren Mitglied des exklusiven Order of Merit. Dem Orden gehören neben der Königin und dem Duke of Edinburgh nur zwei Dutzend Männer und Frauen an, darunter seit kurzem auch Margaret Thatcher.

Immer wieder schreibt Menuhin Leserbriefe an die Londoner *Times,* und in diesen ausgesucht formulierten Episteln tritt Menuhin als ein Mensch vor den Leser, der an den Realitäten vorbei esoterisch und visionär argumentiert. Doch in den gehobenen Zeilen finden sich, wie sprungbereite Raubtiere, immer wieder brutale Wahrheiten. „Zwischen den Konzepten, die Politiker von Krieg und von Frieden haben", schrieb er jüngst, „gibt es tragischerweise kaum einen Unterschied." „Ich habe in diesem Brief an die *Times* bewiesen", erklärte Menuhin nun voll Pathos, „dass Politiker in nationalstaatlichen

*Konzentration vor dem Konzert: Yehudi Menuhin bei einem Gastspiel 1991 in Villingen-Schwenningen*

Begriffen denken müssen und daher intellektuell gar nicht in der Lage sind, die wirklichen Probleme zu begreifen." Dann kam er auf den heraufziehenden Krieg am Golf zu sprechen: „Die Grundlage des Truppenaufmarsches im Golf ist völlig unausgegoren. Das Einschreiten der Weltgemeinschaft vor einer Verletzung nationaler Grenzen muss als Prinzip der Politik Anerkennung finden. Jedes Land muss sich einer Inspektion durch amnesty international öffnen. Ein Einschreiten" – er benutzte den ausgefallenen theologischen Begriff *intercession* – „ist dann schon erforderlich, wenn Anzeichen oder die Absicht eines Völkermordes offenbar werden. Wie im Falle Saddam Husseins und der Kurden, wie im Falle Israels und der Palästinenser. Sonst gibt es immer Krieg, unweigerlich." Starke Äußerungen für den Abkömmling einer orthodoxen Rabbinerfamilie. Er wuchs freilich nicht als orthodoxer, sondern als kosmopolitischer Jude auf.

Doch wer spricht heute noch von Weltbürgertum? „Leben wir nicht in einer Zeit, in der der Glaube an den Fortschritt, auch an den sozialen und politischen Fortschritt, immer mehr zerbröckelt?", fragte ich ihn. „Man kann das Ende des Kommunismus", erwiderte er, „als die Preisgabe und die Entartung der letzten sozialen Ideale sehen. Sicher, wir leben in einer Ära der Desillusionierung. Armut, Not und Obdachlosigkeit werden als Normalzustände akzeptiert ..."

Eine schrille Ambulanzsirene unterbrach Menuhin, er legte, wie schmerzgeplagt, die Fingerspitzen an seine Ohren. Ich sah ihn plötzlich wie eine in ihrer tiefsten Existenz bedrängte Figur in einem Gemälde Edvard Munchs. Dann verstummte die Sirene, und er fuhr fort: „Die Natur nimmt ihre Rache."

Eine Äußerung, die ich nicht recht verstand. Er kam erst später wieder darauf zu sprechen. Er hatte erklärt, eigentlich habe er allen Grund, ein Optimist zu sein. Sein eigenes Leben gebe ihm immer wieder allen Grund, der Zukunft voller Zuversicht entgegenzusehen. „All die wunderbaren Leute, denen ich begegne, junge Leute voller Ideen und Individualismus", schwärmte er. Doch dann kehrte der dunkle Gedanke von der Rache der Natur wieder: „Die Zukunft wird einen Holocaust bringen, früher oder später wird er notwendig, weil die Menschheit sich so ungeheuer vermehrt. Ich hoffe nur, der letzte Seehund und der letzte Wal werden bis dahin noch nicht ausgerottet sein. Ich weiß, das klingt furchtbar pessimistisch. Aber vielleicht ist es die Lösung. Eine Lösung mag ohne die Dezimierung der Menschheit nicht möglich sein. Aber wie? Durch Seuchen und Krankheit? Lieber so als durch Krieg." Er machte eine kurze Pause und kratzte einen kleinen Löffel aus seiner Müslischale. Dann fügte er an: „Krieg zerstört die Welt. Krankheit macht den Boden fruchtbar."

An seinem dunklen Bild von der Welt arbeitete Menuhin wie ein Freskenmaler, mal mit großzügigen Strichen und klarer Stimme, dann fast pingelig, um ein Detail ringend. Manchmal zitterte seine Hand, kaum merklich, aber doch so stark, dass es für einen Geiger so beunruhigend sein muss wie einsetzende Taubheit. Ich fragte ihn: „Ist das Dirigieren jetzt Ihr Hauptanliegen?" – „Oh, beides, beides", fiel er mir ins Wort. „Dirigieren ist großartig, große Orchester, große Partituren, aber genauso meine alte Arbeit, meine Violine …"

Und er gab mir die wundervollste Pantomime eines Geigers, die ich je gesehen habe oder je sehen werde. Er nahm eine imaginäre Violine auf, ganz klein fasste er sie an, wie ein Zigeuner oder ein Kaffeehausgeiger, und seine blauen Augen blitzten, als die Bogenhand eine geschwinde Melodie skizzierte. Es war der einzige Augenblick, in dem ich das Gefühl verlor, einem trotz allen Charmes und seiner Gesprächigkeit tief in sich abgeschlossenen Mann gegenüberzusitzen.

Später ging er mit kleinen Schritten davon, mit seinem leisen Lächeln und dem suchenden Blick. Am Abend würde er wieder den Liederzyklus seines Freundes Dorati dirigieren. Das Publikum muss da durch, wenn es nachher Schuberts sechste Sinfonie hören will. Das schuldet es ihm.

# DIE UNMUSIKALISCHE ORCHESTER-LEITUNG

Yehudi Menuhin war es von der Intendantur der New Yorker Philharmonie verboten worden, nach dem Ende eines Konzertes eine Draufgabe zu spielen, obwohl sich das gesamte Orchester damit einverstanden erklärt hatte. Kürzlich trat er am Ende eines Solokonzertes noch einmal an die Rampe des Podiums, setzte den Bogen ein paar Mal an und sagte: „Ich darf nicht, und ich weiß auch nicht, ob Sie überhaupt noch klatschen dürfen. Aber trotz dem Umstande, dass dieses Orchester von unmusikalischen oder außermusikalischen Kräften geleitet zu werden scheint, möchte ich Ihnen versichern, dass wir, meine Kollegen und ich, Ihre Begeisterung lieben und dankbar hinnehmen und dass Sie klatschen können, solange und wann immer Sie wollen."

## Bildnachweis

# DIE ZEIT Klassik-Edition
## Musik zum Lesen und Hören

Im Internet unter:
**www.zeit-klassikedition.de**